BATAILLE

DE

PONTVALLAIN.

1370.

Tih 5.
8.

BATAILLE

DE

PONTVALLAIN

ET SIÉGE DU CHATEAU DE VAAS.

(1370.)

Par M. J. R. Pesche jeune,

Membre de plusieurs Sociétés savantes, correspondant du Ministre de l'instruction publique pour l'histoire de France, et chef de division à la préfecture de la Sarthe.

(Extrait du 4ᵉ vol. de la Revue anglo-française.)

Poitiers,

IMPRIMERIE DE SAURIN FRÈRES,

RUE DE LA MAIRIE, Nº 10.

1836.

Poitiers, imp. de Saurin.

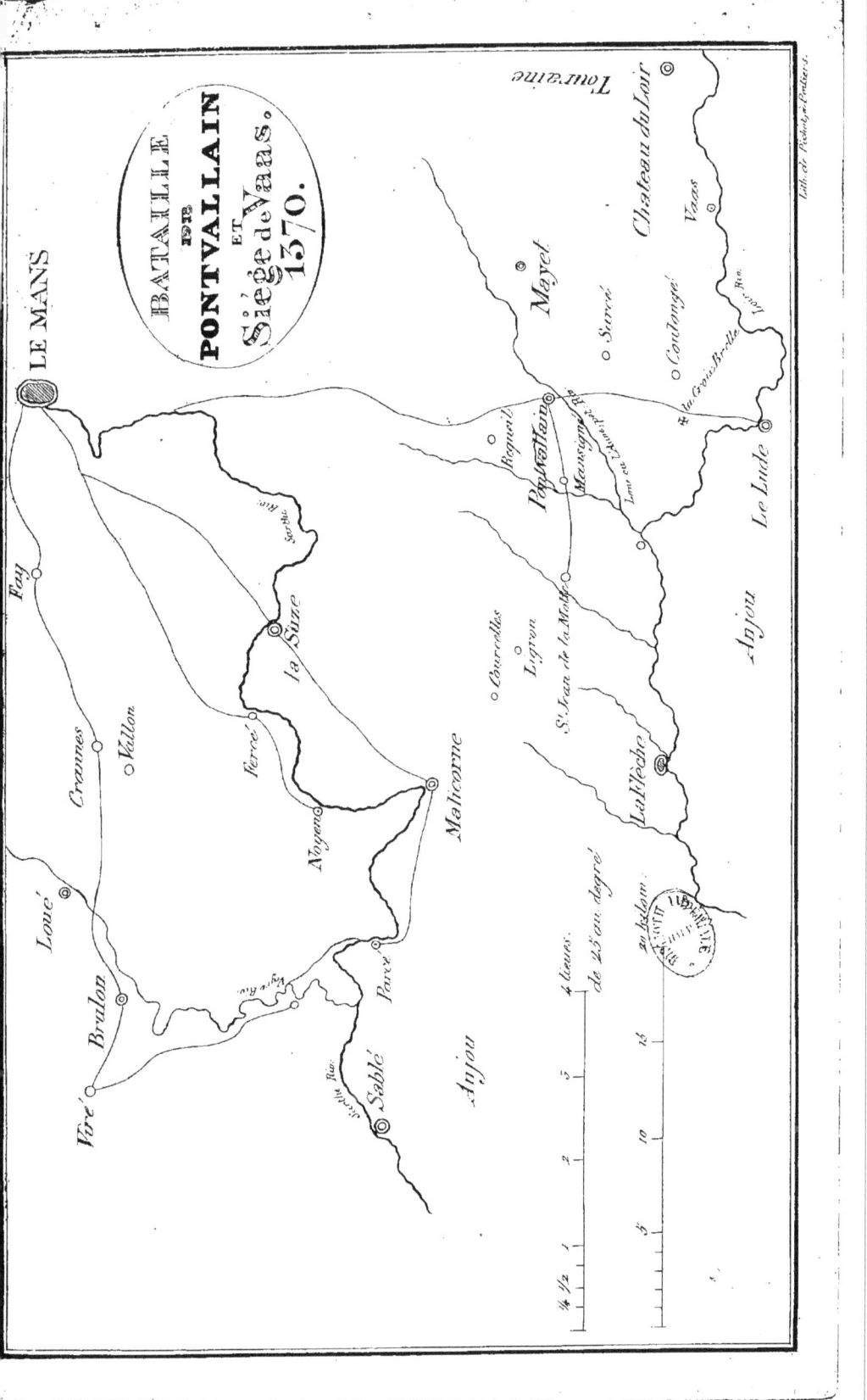

BATAILLE
DE PONTVALLAIN

ET SIÉGE DU CHATEAU DE VAAS (1370).

La bataille de Pontvallain, livrée aux Anglais par le connétable Bertrand du Guesclin, en 1370, fut, par ses résultats, beaucoup plus importante que considérable en elle-même, puisque cinq à six mille hommes seulement des deux nations se trouvèrent en présence. Provoquée avec légèreté et comme par une sorte de bravade par les Anglais, ceux-ci se trouvèrent pris et engagés néanmoins, comme au dépourvu, avec le connétable, dans une campagne de quelques mois, dont le résultat fut leur expulsion du Maine, de l'Anjou et du Poitou. Or, cette campagne, par le premier échec de Pontvallain, prépara la ruine et la fin de leur domination en France, en les forçant d'en sortir après une guerre qui ne dura pas moins de dix ans. Et cependant l'auteur de l'imprudent défi fait à du Guesclin n'avait songé, on peut le croire, qu'à un léger combat, une sorte d'escarmouche, ne s'imaginant pas que le connétable fût déjà en mesure de lutter contre les troupes anglaises avec succès.

En faisant de cet événement célèbre et important l'objet d'un article spécial destiné à la *Revue anglo-française*, nous croyons devoir lui donner toute l'étendue dont il est susceptible, c'est-à-dire l'accompagner de tous les détails, de tous les documents qui peuvent le rendre complet, en augmenter l'intérêt par conséquent, et éviter au lecteur la nécessité de faire des recherches ultérieures sur ce sujet.

La gloire de cet événement est attribuée par tous les historiens à du Guesclin et *à ses fidèles Bretons*, presque exclusivement; et le seul monument qui en soit resté dans le pays consacre en effet le nom seul de ceux-ci. C'est une de ces erreurs, de ces injustices historiques qui traversent les siècles inaperçues, et contre laquelle il doit être permis à un écrivain manceau de réclamer. Il le peut (et le faire est alors pour lui un devoir de patriotisme) avec d'autant plus de droits, que le récit même des historiens est contraire à leur assertion. En effet, il serait incroyable que du Guesclin, prêt à entrer en campagne contre les Anglais, faisant un appel à tous les gens de guerre de la Bretagne et de la Normandie pour venir se joindre à lui, n'en eût vu accourir aucun de la province du Maine, lorsqu'une partie de cette province était envahie par des ennemis qui, des rives du Loir où ils étaient cantonnés, poussaient des partis jusqu'aux portes du Mans, et que c'était dans cette province même qu'il devait commencer à les attaquer, pour les refouler au sud-ouest. Aussi les choses ne se passèrent-elles pas ainsi, comme il nous sera facile de le prouver dans les notes de cet article.

Ayant préféré la fidélité à la gloire littéraire, dans la rédaction de cette relation, je dois dire ici que j'ai suivi mes autorités, Hay du Chastelet, historien de du Guesclin, particulièrement, pas à pas et presque mot à mot, en me bornant à en rajeunir le style et à des transpositions qui m'ont paru utiles, pour donner plus d'ordre à leur récit. Quand on se borne au rôle de compilateur, il est bon d'en avertir, pour ne pas mériter le titre de plagiaire, et ne pas, comme le font tant d'écrivains aujourd'hui, ressembler au geai se parant des plumes du paon.

BATAILLE DE PONTVALLAIN. — Après la paix conclue en 1365, entre les prétendants à la souveraineté de la Bretagne, le comte de Montfort et la veuve de Charles de Blois, et entre Charles V, dit *le Sage* parce qu'il était savant, et l'empoisonneur Charles-le-*Mauvais*, roi de Navarre; Bertrand du Guesclin, capitaine breton, célèbre déjà par sa valeur et ses succès, emmena en Espagne les *grandes compagnies*, ramassis de gens de guerre féroces et pillards, secours ordinaire alors des princes obligés de guerroyer, mais qui, après la paix, restaient un grand embarras pour ceux qui les avaient pris à leur solde, un véritable fléau, le plus terrible de tous peut-être, pour le pays qui ne pouvait plus occuper leurs bras.

Grâce aux efforts de du Guesclin et aux succès de ses armes, Henri, comte de Transtamare, frère bâtard de Pierre-le-Cruel, avait chassé celui-ci de la Castille, dont il s'était fait couronner roi. Mais Pierre étant rentré dans ce royaume, au moyen des secours que lui avait donnés le prince de Galles, Henri, toujours aidé de du Guesclin, qu'il avait honoré du titre de connétable, tua de sa main Pierre-le-Cruel, ce qui le rendit paisible possesseur du trône castillan. Le héros français cessait dès lors d'être bien nécessaire à Henri, tandis que son absence de sa patrie pouvait y devenir une grande calamité, en 1369, au moment où le traité de Brétigny venait d'être rompu, et où la guerre recommençait entre Charles V et Édouard III, roi d'Angleterre, par suite de la confiscation de la Guienne, après qu'Édouard, prince de Galles, surnommé le *Prince-Noir*, qui gouvernait cette province, eut refusé de comparaître au parlement de Paris, où il avait été cité comme vassal du roi de France, pour ses différends avec le comte d'Armagnac et d'autres seigneurs de la province.

Dès le commencement de cette nouvelle guerre, Charles V avait gagné un grand nombre de capitaines des *compagnies*, mercenaires qui se donnaient au plus offrant. On les appelait *Cottereaux*, *Routiers* et *Brabançons*, parce que le noyau de ces bandes était composé de soldats que Henri II, comte du Maine et roi d'Angleterre, avait fait recruter dans le Brabant, pour les prendre à sa solde. Leurs ravages en France commencèrent dans le xiie siècle, lorsque, cessant d'être soldés, après les guerres entre Philippe-Auguste et le dernier des fils de Henri II, le lâche et perfide Jean-sans-Terre, ils n'eurent plus d'autres ressources pour vivre que le pillage et la dévastation. On les vit se perpétuer jusque dans le xive siècle, et se répandre dans notre province du Maine, sous le nom de *Tard-Venus*. Celui de *Cottereaux* leur venait des grands couteaux qu'ils portaient,

appelés *cotterels* dans le Toulousain ; et celui de *Routiers*, ou parce qu'ils étaient toujours en route, ou de *rumpere*, rompre, briser, parce qu'ils dévastaient tout sur leur passage, mettaient tout à feu et à sang. « Brigands, pillards, robeurs, infâmes,
» dissolus, excommuniés, dit un ancien manuscrit, ils ar-
» daient (brûlaient) les monastères et les églises, où le peuple
» se retirait à leur approche, et tourmentaient les prêtres et
» les religieux, les appelaient *Cantatours* par dérision, et leur
» disaient en les battant : *Cantatours, Cantez ;* et puis leur
» donnaient grandes buffes et grosses gouces. »

Charles avait aussi débauché plusieurs chefs de guerre qui étaient sujets du prince de Galles, ou attachés par serment et par devoir au parti des Anglais : plusieurs des siens, il est vrai, se tournèrent dans cette circonstance du parti du Prince-Noir.

Mais, quelles que fussent et ses forces et ses ressources en gens de guerre, Charles sentait combien elles seraient insuffisantes, s'il n'avait un homme supérieur à mettre à leur tête, un homme dont le nom seul pouvait jeter l'effroi dans les rangs ennemis, donner la confiance, électriser le courage parmi les siens.

En même temps que la guerre recommençait en Guienne, où se rendaient les troupes commandées par Édouard, comte de Cambridge, et le comte de Pembrocke ; que le prince Edmond, autre général anglais, pénétrait en France par la Bretagne, dont le duc trahissait le roi de France, son suzerain, en ouvrant ses portes à ses ennemis ; un autre corps de la même nation, sous les ordres du duc de Lancastre, débarquait à Calais. Tenu longtemps en échec par les troupes du roi, deux mille hommes de ce corps pénétrèrent en Picardie, en Champagne et en Brie, sous la conduite de Robert Cnolle ou Knolle, de Thomas de Grandson, de Hue de Caurelée, de Cressonade, de David Hallegrand, de Geoffroi Orcelai, et de plusieurs autres capitaines anglais. Ils arrivèrent même jusqu'aux portes de Paris, demandant bataille, et triomphant de l'apparente timidité du roi, qui n'osait, à ce qu'ils croyaient, faire de sortie contre eux.

Cependant Charles V, qui savait combien le nom et la valeur

de du Guesclin leur étaient redoutables, envoyait messagers sur messagers à ce grand capitaine, pour le presser de se rendre à Paris. Le maréchal d'Andreghem alla même le trouver, de la part du roi, à Soria en Espagne, et le détermina à céder à ses désirs. Arrivé en France, du Guesclin se rend au siége de Limoges, que faisait le duc de Berry, frère de Charles, et dont l'évêque et les habitants lui ouvrent les portes; prend quelques autres places de la contrée, que tenait le duc de Bretagne; traverse le pays, déguisé en marchand, dans la crainte des Anglais, qui auraient bien voulu s'emparer de sa personne ; et arrive enfin à Paris, où le bruit de sa venue fut, comme dans les provinces, un sujet universel de joie : « Les rues se trouvèrent » incontinent pleines de gens qui s'amassaient pour le voir, et » le peuple criait *Noël*, comme il aurait fait pour le roi lui-» même. »

La vieillesse du connétable Robert de Fiennes ne lui permettant plus de remplir convenablement les devoirs de cette importante charge, ce brave homme, ce digne Français, sentant de quelle importance il pouvait être pour les affaires du royaume que cette dignité et l'autorité qu'elle confère fussent, dans une telle circonstance, confiées à du Guesclin, proposa le premier au roi de la lui remettre, et, sur son refus, le força à accepter sa démission. Ainsi, lorsque du Guesclin arriva à la cour, ce fut pour ainsi dire sous le titre et avec les honneurs dus au rang de connétable, qu'il y fut présenté au roi et accueilli par tout ce qui l'entourait. Il est admirable toutefois de voir avec quelle modestie du Guesclin, couvert de tant de gloire et chargé de tant de lauriers déjà, essaie de s'abaisser lui-même, pour se dispenser d'accepter un emploi si honorable alors, et qui eût été l'objet de l'ambition de tant d'autres, disant au roi : « qu'il n'en estoit mie digne, et qu'il n'estoit qu'un pauvre » chevalier et un petit bachelier, au regard des grands sei-» gneurs et vaillants hommes de France, combien que fortune » l'eust un peu advancé. » Et ajoutant, sur les instances que lui faisait Charles V, qui lui disait qu'il convenait qu'il le fît, que le conseil l'avait ainsi décidé, et qu'il ne voulait point

changer ses dispositions : « Cher sire et noble roy, je ne vous
» puis ni n'ose, ni ne vueil dedire de vostre bon plaisir ; mais
» il est vérité que je suis un pouvre homme, et de basse venue
» en l'office de connestablie, qui est si grand et si noble qu'il
» convient (qui bien le veut exercer et s'en acquitter), qu'il
» commande et exploite moult avant, et plus sur les grands
» que sur les petits. Or veez-ci messeigneurs vos frères (les
» ducs d'Anjou, de Berri, de Bourgogne), vos neveuz et vos
» cousins, qui auront charge de gens d'armes en ost et en che-
» vauchées ; comment oseroye-je commander sur eux : certes,
» cher sire, les envies sont si grandes, que je les doy bien res-
» songner (redouter). Si vous prie chèrement que vous me de-
» portiez de ceste office, et la bailliez à un autre, qui plus
» volontiers la prendra que moi et qui mieux le sache faire. »
Heureusement pour les intérêts et la gloire de la France et de
sa couronne, Charles ne voulut point entendre aux refus de
du Guesclin, et lui remettant sa propre épée, pour marque de
l'office de connétable, le força de l'accepter. Du Guesclin,
n'ayant pu s'y refuser plus longtemps, la reçut des mains du
roi, la tira du fourreau, et, la tenant ainsi nue, jura qu'il ne
l'y remettrait jamais qu'après avoir chassé les Anglais hors du
royaume, remercia le monarque à genoux de l'honneur qu'il
en recevait, fit entre ses mains le serment de fidélité, et lui
rendit l'hommage lige, que le monarque reçut en le baisant à
la bouche. Paul Hay du Chastelet, son historien, remarque que
du Guesclin est le premier qui ait porté une épée du roi et qui
en ait fait hommage.

Du Guesclin, qui n'avait accepté cette épée qu'avec l'inten-
tion d'en faire bon usage, se mit de suite en route pour la
Normandie, suivi d'un grand nombre de gentilshommes de la
cour et de Paris, charmés de marcher sous la bannière d'un aussi
vaillant chevalier. Il avait engagé le roi à lever une armée de
trente mille hommes, en lui faisant voir la possibilité, avec de
telles forces, de chasser les Anglais de la France ; mais il n'en
put obtenir néanmoins que de quoi mettre sur pied quinze
cents hommes, dont la paye lui fut avancée pour deux mois.

Arrivé à Caen, où il se rendit d'abord, il fit publier dans toute la Bretagne et la Normandie le besoin qu'il avait de gens de guerre, et y reçut bientôt tous ceux qui vinrent lui demander de l'emploi, des Bretons surtout, ses compatriotes, dont il connaissait la valeur et l'expérience, et qui lui rendirent, en effet, les plus grands services dans tout le cours de cette guerre. Bientôt, au lieu de quinze cents hommes, il en eut sur pied plus de trois mille, parmi lesquels se distinguait par-dessus tous les autres, Olivier de Clisson (1), alors son émule, et qui devait être un jour son digne successeur; Clisson, qui avait quitté le parti des Anglais, et qui venait offrir sa vaillante épée au service de la France (2).

(1) Bertrand du Guesclin s'étant rendu à Pontorson, le 28 d'octobre 1370, fit avec Olivier de Clisson une alliance et association d'armes très-glorieuse à ce dernier et très-remarquable. Ils se promirent réciproquement, pour eux et pour leurs enfants, d'être toujours unis, et de s'entr'aider envers et contre tous qui pouvaient vivre et mourir, excepté le roi de France, ses frères, le vicomte de Rohan, et les autres seigneurs dont ils seraient les sujets; de se donner mutuellement du secours, toutes les fois qu'ils en seront requis, etc., etc.; enfin, de se regarder et de se défendre comme frères. Ils jurèrent tous deux cette fraternité d'armes, les mains posées sur les Évangiles. Voyez cet acte d'alliance dans l'*Histoire d'Olivier de Clisson*, par M. de la Fontenelle.

(2) J'ai dit, dans le préambule de cette notice, qu'il était facile de démontrer, d'après le récit même des historiens de la bataille de Pontvallain, que du Guesclin ne dut pas la gloire de son triomphe à *ses fidèles Bretons* seulement. En effet, en énumérant les noms des hommes d'armes cités dans les montres de ses capitaines, il est facile d'en remarquer un bon nombre qui ne sont point Bretons, malgré la difficulté qu'on éprouve à assigner la province à laquelle appartiennent une foule de ces gentilshommes, portant des noms de terre qui se rencontrent aussi bien dans le Maine, l'Anjou et la Normandie, que dans la Bretagne, tels que ceux de Launay, la Motte, la Vallée, la Lande, etc.

Quoi qu'il en soit, je vais mettre en italique les noms des gentilshommes mentionnés dans le récit suivant, qui ne me paraissent point être Bretons.

« Les principaux de ceux qui se rangèrent auprès de lui furent les comtes *du Perche* et *d'Alençon*, le maréchal d'Andreghem, Olivier de Clisson, qui avait même fait défier le prince de Galles en son palais; *Jean de Vienne*, admiral de France, les sires de Rohan, de Rochefort, de Raiz et de la Hunaudaie, Alain et *Jean de Beaumont*, et Olivier du Guesclin, frère du connétable. On doit encore mettre de ce nombre messire *Jean de Bueil*, capitaine de quinze autres chevaliers, parmi lesquels on trouve Jean de Chasteau-Briant et Amauri de Clisson, et soixante-sept escuiers, entre lesquels on distingue *Neufvi*, Chaperon, *Montigné*, *Ruffier*, *Beauvau*, *la Chastaigneraie* et *du Boschet*. Hugues de la Roche et Boyer de Beaufort levèrent une compagnie de cinq chevaliers, du nombre desquels fut *Montbourchier*, et de quatre-vingt-cinq escuiers. Robert de Guité se mit à la teste de soixante hommes d'armes, entre lesquels on distingue Lanvallai, Engoulevent, *Mauni*, le *Prevost*, Tomelin, *la Chesnaie* et

Les chroniqueurs racontent qu'ayant voulu, avant de se mettre en campagne, donner un splendide repas à tous les seigneurs qui se trouvaient auprès de lui, du Guesclin fit servir, à ce festin, de la vaisselle d'or d'un très-grand prix, qu'il avait amenée d'Espagne, et qu'on croyait avoir appartenu à Pierre-le-Cruel ; que les tables étant levées, il se fit apporter ce précieux service, avec tout ce qu'il possédait de vaisselle d'argent ; qu'il y réunit les bagues et autres bijoux de Thiéphaine Ra-

la Marche. Allain de Taille-Col, dit l'abbé de Malepaïe, chevalier, leva une compagnie de deux chevaliers et de trente-neuf escuiers. Gerard, sire de Raiz, outre *Brehemont* (ou *Bremor*) *de Laval*, Allain de Saffré, *Jean de Montbason*, Jean du Bec et Jean de Chasteau-Briant, avoit encore sous sa bannière cinq autres chevaliers et soixante-seize escuiers, du nombre desquels estoient Launai, Quenelec, Riou, Gouïon, *St-Aignan*, Penbouet, Soubois et des Places. Olivier de Montauban, chevalier banneret, conduisit deux autres chevaliers et trente-trois escuiers, parmi lesquels on trouve Allain du Parc, Robert de Melece, *Sylvestre Descepeaux*, Thibaut de la Feillée, Boishardi, Carmelou, Bardoul, Pié-de-Vache, Trecesson, Bois-Jagu, *la Forest* et Roussel. Guillaume Boitel commanda une autre compagnie de cinq chevaliers, qui furent Charruel, *Matefélon*, Penhouet, *Acigné* et la Chauvelière, et de quatre-vingt-trois escuiers. *Olivier de Mauni* eut sous sa bannière *Eustache de Mauni* et Geffroi Giffart, chevaliers, avec *Augier*, *Longaunai*, St-Peru, Plumaugat, Maillechat, et vingt-sept autres escuiers. Messire Patri de Montgirail commanda une compagnie de deux autres chevaliers et de trente-deux escuiers. Eon de Tremigon en eut une composée de seize chevaliers et de soixante escuiers. *Eustache de Mauni*, non content de servir sous *Olivier de Mauni*, leva une compagnie de trente lances. Louis, sire de *Montbourchier*, en leva une autre. Robert de Guité commanda soixante hommes d'armes. Jean, seigneur de Beaumanoir, eut sous lui dix-neuf escuiers, du nombre desquels estoient *la Chapelle*, Brehaut, *du Parc* et Vis-de-Lou. Jean du Juch, chevalier, Jean de Léon, seigneur de Hacqueville, Geffroi de Maillechat, chevalier, et Allain de Coëtlogon, levèrent aussi des compagnies d'hommes d'armes. Mais les plus belles furent celles du connétable et d'Olivier de Clisson, la première de trois cents lances et l'autre de deux cents, parmi lesquels on distingue, entre les chevaliers, Allain de Rohan, Budes, Porcon, Coetquen, Broon, Kergournadec, Roquebertin, Penhouadic, Treziguidi, *Beaumont*, *Montbourcher*, Launallai, Raguenel, la Boissière, Pledran, de Bricux, Orange, Guidé, Treal, *la Rivière*, Sesmaisons, Augiers, Malestroit et *Chenu*. »

Peut-être trouvera-t-on que je réduis de beaucoup, dans cette note, le nombre des Bretons qui accompagnèrent du Guesclin à Pontvallain. D'abord je n'affirme pas que tous ceux que je désigne par des lettres italiques soient étrangers à la province de Bretagne, pas plus qu'on n'a la certitude que tous ceux ainsi désignés lui appartiennent. D'un autre côté, pour se faire une juste idée à cet égard, il faut recourir aux *Revues* ou états nominatifs des hommes de chaque compagnie, que Hay du Chastelet a données à la suite son histoire du connétable. Ce que j'ai voulu faire voir, et ce dont je suis convaincu, c'est qu'un grand nombre de guerriers des provinces de Guienne, de Normandie, du Maine, de l'Anjou, de la Touraine, et de plusieurs autres parties de la France, l'accompagnèrent dans cette circonstance, et dans toute la campagne dont cette affaire fut le début.

guenel, sa digne et héroïque compagne, et qu'il fît le partage du tout à ses soldats, en les engageant à bien faire et à le seconder avec ardeur.

S'étant mis ensuite à la tête de son armée, du Guesclin s'achemina vers le Mans, où sa présence devenait nécessaire, les Anglais envoyant des partis jusque dans les faubourgs de cette ville, qu'ils faisaient mine de vouloir assiéger. De même qu'à Paris et dans les villes du midi qu'il avait traversées, le peuple se porta en foule dans les rues quand il y entra, rendant à Dieu des actions de grâces de son heureuse arrivée. Il y rassura les esprits, releva le courage des citoyens, mit la ville en tel état, que les ennemis ne pussent rien entreprendre contre elle ; et, lorsqu'il en repartit, les habitants se mirent sous les armes pour lui faire honneur et lui témoigner leur reconnaissance d'être venu lui-même les préserver du danger ; le son des cloches s'unit aux acclamations publiques et aux fanfares des trompettes, et l'évêque, Gautier de Baigneux, le reconduisit bien avant dans les faubourgs, et ne s'en sépara qu'après avoir béni lui, ses enseignes et ses guerriers.

Cependant les Anglais, qui avaient appris que le connétable s'était remis en campagne, et qui connaissaient son activité, s'occupèrent de réunir en un seul corps d'armée les nombreux détachements qu'ils avaient disséminés en cantonnements le long du cours du Loir, et se tinrent sur leurs gardes, dans la crainte qu'il ne vînt les attaquer, cherchant au contraire à se mettre en mesure de le prévenir, prévoyant bien que sa grande renommée attirerait promptement auprès de lui de nombreux partisans, tandis que, placés comme ils l'étaient au milieu d'une population ennemie, leurs rangs pourraient s'éclaircir de jour en jour. De son côté, du Guesclin désirait avec ardeur livrer combat aux Anglais ; mais, sachant qu'il existait de la mésintelligence entre leurs chefs, il temporisait avec sagesse, cherchant à saisir une occasion favorable pour les combattre avec succès.

Cette occasion lui fut fournie par ses ennemis eux-mêmes, et voici comment : Robert Knolle qui, comme nous l'avons dit, commandait en chef le corps anglais posté sur les rives du Loir, étant allé faire un voyage en Guienne, Thomas de Grandson, qui prenait le commandement après lui, et devait par conséquent le remplacer pendant son absence (1), conçut le projet d'attaquer le connétable avant l'arrivée de son général, afin d'avoir seul la gloire du succès qu'il espérait obtenir. Grandson, qui connaissait le courage éprouvé de ses troupes, l'expérience des chefs, qui tous seraient aises d'en venir à un combat avec les Français, leur armée étant remplie de gens de qualité dont la rançon enrichirait capitaines et soldats, s'ils pouvaient en faire prisonniers un grand nombre, écrivit en conséquence à tous les capitaines sous ses ordres, dispersés à peu de distance autour de lui, et les pressa de le joindre, en même temps qu'il envoya un héraut au connétable, lui demander la bataille, pour le jour où il espérait que tous les chefs anglais seraient réunis à Pontvallain, où il s'était établi avec ses gens.

Le héraut anglais ayant été rencontré dans son chemin par un héraut du connétable, qui revenait de porter un message au Mans, celui-ci offrit à l'Anglais de marcher de compagnie et de lui servir de guide jusqu'au château de Viré (2), où se trouvait son maître, et où ils arrivèrent le soir.

Du Guesclin reçut avec bienveillance le héraut de Grandson,

(1) « Les Anglois, sous Thomas de Grançon, lieutenant du connétable d'Angleterre, Hue de Caverlé, Robert de Cnolle, Guillebert Guiffard, David Holegrent, Hennequin Jacquet, Geffroi Ourcelet, Thomelin Folisset et Mathieu de Rademain, estoient aux environs de Pontvallain au nombre de quatre mille, tous gens d'élite. Hue de Caverlé ou Caurelée, Briquet, Cressonale, et quelques autres, devoient assembler les garnisons anglaises, pour grossir cette troupe et tascher de donner quelque échec au nouveau connétable de France. »

(2) Tous les historiens, à l'exception de Hay du Chastelet, ont commis une grave erreur en indiquant le lieu où du Guesclin se rendit en sortant du Mans, les uns ayant nommé VIRE, les autres VITRÉ. Vire, situé en Normandie, est éloigné de plus de 38 lieues de poste, en ligne droite, de Pontvallain; et Vitré, en Bretagne, de plus de 32 lieues. Il est facile de concevoir l'impossibilité d'un tel trajet en une nuit. Hay du Chastelet nomme bien Viré, mais ajoute un commentaire à ce nom, qui fait voir combien il est embarrassé pour déterminer la position de ce lieu. Viré est un très-petit bourg de la province du Maine, du diocèse du Mans et de l'élection de la Flèche, actuellement du département de la Sarthe. La *Carte* jointe à cet article fait connaître sa position topographique par rapport à ces deux villes, et sa distance de Pontvallain, qui est de 46 kilom. à vol d'oiseau, et doit être de 48 kilom. au moins,

qui, s'étant mis à genoux, lui dit que les capitaines anglais l'avaient envoyé pour le prier de leur donner bataille, et que son courage éprouvé ne leur permettait pas de croire qu'il la leur refusât. « Non, sans doute, repartit le connétable, vous
» pouvez les assurer que je les combattrai, et plus tôt peut-être
» qu'ils ne le voudraient. » Ensuite il demanda avec civilité des nouvelles de ceux des guerriers anglais qu'il avait connus, et principalement de Hue de Caurelée, qu'il avait vu servir dans sa première campagne d'Espagne, et qui était son ami particulier. Il le chargea de faire ses compliments à tous ceux qui étaient de sa connaissance, et de leur témoigner son estime et son affection; puis recommanda qu'on fît un présent de quatorze marcs d'argent à ce héraut, et qu'on lui fît faire bonne chère, ce qui fut exécuté si exactement par son maître d'hôtel, que le pauvre héraut fut mis hors d'état de s'en retourner le soir même, et forcé de passer la nuit au château de Viré.

C'était, suivant quelques chroniqueurs, le résultat des ordres secrets de du Guesclin, qui avait pris la résolution de partir le soir même, de marcher toute la nuit, et de surprendre les Anglais le lendemain matin, afin de les attaquer avec avantage; car leurs forces, qui se composaient de quatre mille hommes réunis à Pontvallain (1), et d'un pareil nombre qui devait venir les joindre, étaient bien supérieures à celles dont le conné-

ou 12 lieues de poste, par les chemins qu'il fallut suivre pour arriver au lieu du combat. Il est incompréhensible que cette distance ait pu être franchie en une nuit, par une pluie battante et par des chemins presque impraticables, encore de nos jours, à très-peu d'exception près.

De Viré il fallut venir passer la petite rivière de Vègre à Asnières (*voir la Carte*), et la Sarthe à Parcé, où existait alors un pont; puis gagner Malicorne, la Fontaine-S.-Martin, pour arriver à Pontvallain, à travers des chemins bas et marécageux, sur quelques points.

Viré possède encore son ancien château fort, bâti sur un coteau élevé, dominant à pic une petite rivière nommée le Treulon. Une chaussée pavée conduit du bourg au château, dont il est distant d'un kilomètre environ.

(1) Pontvallain, Pontvallin, *Pons-Valens, Pons-Valenum*, improprement nommé Pont-Vollant et Pont-Boulain par Froissart, est actuellement un joli et assez gros bourg, chef-lieu de canton du département de la Sarthe, situé, comme son nom l'indique, dans un vallon, sur le bord d'une petite rivière appelée l'Aune, vulgairement Lone, qu'on y passe sur un pont. Dominé à l'ouest et au sud par des coteaux assez élevés, sa position est agréable et pittoresque et le pays assez fertile, si ce n'est à l'est

table pouvait disposer. Il partit donc en effet, à la chute du jour, à la tête de l'avant-garde, composée de cinq cents hommes seulement, ayant avec lui le comte de Saint-Pol et ses deux fils ; Olivier du Guesclin, son frère ; les deux de Maulny et les deux de Beaumont. Le maréchal d'Andreghem conduisait le principal corps, qu'on appelait *la bataille*, composé de huit cents hommes ; l'arrière-garde était commandée par Olivier de Clisson, que les Anglais appelaient *le boucher*, parce qu'il les assommait sans pitié, et par le maréchal de Blainville. On comptait dans cette arrière-garde le comte du Perche, les seigneurs de Rohan, de Vienne, qui fut depuis amiral de France, de la Hunaudaye, de Rochefort, de Tournemine, de Coetquen, de Montbourcher, et plusieurs autres.

Le connétable était en avance de plus d'une lieue sur le corps de bataille, et celui-ci d'autant sur l'arrière-garde. La distance était de douze lieues au moins (1). C'était, il est vrai, par une des longues nuits du milieu de décembre, nuit obscure, pen-

et au nord, où le terrain est plat, sablonneux, et devait être entièrement nu et stérile à l'époque dont il s'agit. Aujourd'hui ce terrain, comme presque tous ceux de même nature dans la Sarthe, est couvert de plantations de pins, *pinus maritima*, L. Entre Pontvallain et Mayet, autre gros et joli bourg, situé à 6 kilom. (1 lieue 1/2 de poste), à l'est, se trouvent la lande de Rigalet et la pelouse de Gandelain, citées par les chroniqueurs comme ayant été le théâtre du combat. Un petit bois entre les fermes de Rigalet et de Broussin est peut-être celui dont ils font également mention, à moins qu'ils n'aient voulu parler plutôt du bois de Fautereau, qui se trouve à 1 kil. 1/2 au sud, un peu vers l'est du bourg de Pontvallain, et qui serait plus dans la direction par laquelle les Anglais firent leur retraite. Quoi qu'il en soit, les Français durent être obligés, pour atteindre l'ennemi qu'ils venaient combattre, de passer l'Aune au gué, près duquel était une planche servant de pont pour les gens de pied, remplacé depuis peu par un pont en pierre qui se trouve derrière le bourg. Ou bien doit-on supposer que les Français passèrent l'Aune à un pont situé beaucoup plus bas que le bourg, un peu au-dessous du confluent du ruisseau de Goudelin, dans l'Aune, pont qui est d'une haute antiquité? Cela semble assez probable, si ce n'est pour le corps qui attaqua le premier les Anglais, celui du connétable, du moins pour l'arrière-garde, commandée par Clisson.

On a trouvé près de Pontvallain et de Mayet des tombeaux antiques en grès coquiller, mais dans des endroits qui ne permettent pas de les attribuer à cette époque, quand même on ne saurait pas qu'ils lui sont bien antérieurs, puisque les points où ils ont été découverts sont à l'ouest du bourg de Pontvallain et à l'est de celui de Mayet, et que le combat dont il s'agit s'est donné entre ces deux bourgs.

(1) Il y a 46 kil (11 lieues 1/2 de poste) à vol d'oiseau, comme on l'a dit précédemment.

dant laquelle la pluie tombait à torrents, et avait déjà rompu et dégradé des chemins constamment mauvais, ce qui rendait bien difficile de faire diligence. Le connétable arriva cependant vers le point du jour en face des ennemis, dont une partie était campée dans une petite plaine au-dessous des jardins de Pontvallain. Il donna à ses soldats une heure pour se rafraîchir et se refaire du pénible trajet de la nuit, et aussi pour permettre aux troupes qui marchaient derrière de se rapprocher de lui et de le seconder à temps. On perdit beaucoup de chevaux dans cette pénible traite, mais le connétable consolait ceux qui s'en affligeaient, en les assurant qu'il leur en ferait gagner d'autres avant que le jour fût passé.

Dans cet intervalle, les Anglais s'étant aperçus qu'il y avait des gens d'armes étrangers, à la proximité de leur camp, en conçurent quelques alarmes; mais comme les enseignes françaises n'étaient pas déployées, qu'eux-mêmes attendaient des renforts qui arrivaient à chaque instant, que d'ailleurs la distance qui les séparait du connétable ne leur parut pas pouvoir être franchie par lui aussi promptement, ils crurent que les troupes qu'ils voyaient étaient anglaises, et ils se bornèrent à en donner avis aux chefs logés dans le village, pour qu'ils fissent faire une reconnaissance, afin de s'assurer qui c'était.

Pendant toutes ces démarches, du Guesclin ayant préparé les siens au combat, fit déployer ses enseignes, sonner les trompettes, et marcher aussitôt à l'ennemi. Une attaque si imprévue, de la part du connétable, jeta l'effroi dans les rangs des Anglais : cependant celles des troupes de cette nation qui se trouvaient là étaient braves et aguerries; cinq à six cents des leurs se rangèrent en bataille, et reçurent les Français avec fermeté, mais ne purent tenir longtemps, néanmoins, contre nos guerriers, qui les eurent bientôt enfoncés, en tuèrent la plus grande partie, renversèrent leurs tentes et ruinèrent leurs logements. Tout le reste des Anglais, au nombre d'environ deux mille hommes, s'étant promptement rallié, revint en bon ordre contre le connétable, sous la conduite de Thomas de Grandson, qui s'imaginait pouvoir envelopper facilement les Français, au nombre de cinq cents au plus. Mais ceux-ci, comptant sur un prompt appui du maréchal d'Andreghem, marchèrent résolûment à l'ennemi, sans être effrayés de sa supériorité numérique, et, suppléant au nombre par la valeur, firent des choses tellement extraordinaires, dit un historien, que la foule de leurs ennemis ne les put ébranler. Cependant, et quoiqu'ils se maintinssent sans désavantage devant des adversaires si nombreux, peut-être eussent-ils été forcés de céder, si le maréchal d'Andreghem, en arrivant sur les lieux et voyant la fortune de la France, la vie et l'honneur du connétable, si périlleusement engagés, ne se fût précipité sur l'ennemi à l'instant même, à la tête de ses huit cents hommes, sans leur laisser prendre aucun repos. Ce secours inopiné, ayant jeté la surprise dans les rangs des Anglais et rétabli plus d'égalité dans les forces des combattants, rendit pendant deux heures la victoire incertaine entre eux. De son côté, Thomas de Grandson ayant fait prévenir les autres chefs anglais du combat dans lequel il était engagé, et ceux-ci s'étant hâtés de joindre aux siens les deux mille hommes sous leurs ordres, les Français ne tardèrent pas à les apercevoir de loin, mais ne s'en ébranlèrent pas, ayant la confiance de pouvoir leur résister, et les coureurs d'Olivier de Clisson étant d'ailleurs arrivés à toute bride informer le connétable qu'il était sur le point de paraître ; il le fit si à propos, en effet, que les deux mille Anglais arrivant sur le champ de bataille le trouvèrent en face d'eux, et furent attaqués avec tant de résolution et de succès, qu'ils ne purent tenir devant lui. Tout fléchit bientôt sous la valeur des siens, et les chefs anglais furent contraints à l'instant de se rendre ses prisonniers.

La prompte défaite de ce corps ayant permis à Clisson de s'avancer avec les siens vers le lieu où combattaient le connétable et le maréchal d'Andreghem, et ses troupes ayant pris par-derrière et cerné Grandson et ce qui lui restait de combattants, ce chef anglais fut bientôt forcé de rendre son épée au connétable et de se reconnaître son prisonnier. Il ne le fit pas, toutefois, sans un grand acte de valeur désespérée; car, s'étant aperçu que ses soldats avaient plié de toutes parts, et qu'il n'avait plus chance de vaincre, il voulut au moins faire à l'ennemi tout le mal qui pouvait dépendre de son courage; et, pour cet effet, s'étant armé d'une longue hache dont le tranchant était bien acéré, il la leva sur la tête du connétable, que ses yeux venaient de rencontrer, et lui en déchargea un coup vigoureux, que celui-ci évita en se glissant avec souplesse par-dessous la hache de l'assaillant; puis, du Guesclin ayant saisi au même moment son ennemi, il lui donna, avec l'adresse ordinaire aux Bretons, ce qu'on appelle un croc-en-jambe, le renversa sous lui, et le menaça de le tuer avec une dague qu'il portait à son côté, s'il ne se rendait son prisonnier, ce à quoi Grandson se vit contraint. Olivier de Clisson, arrivant au lieu et au moment de cette scène, voulut tuer Grandson, le voyant disputer sa vie contre du Guesclin; mais le connétable l'en empêcha, en déclarant qu'il l'avait reçu son prisonnier. De son côté, Clisson ayant joint le capitaine anglais Follisset, vaillant homme de guerre, qui avait tué de sa main Régnier de Susanville, brave gentilhomme normand, lui avait porté un grand coup de hache qui avait rompu son bouclier en deux pièces. Follisset riposta par un coup d'épée dont il chercha à percer Clisson; mais l'épée se rompit, ce qui n'empêcha pas ce guerrier de continuer à combattre sans demander quartier. Cependant Clisson l'ayant saisi aux cheveux, le força enfin à lui demander la vie et à se rendre son prisonnier. Alors tous les Anglais, chefs et soldats, succombèrent sous les armes françaises ou furent faits prisonniers: leur défaite fut entière; la bannière de Grandson fut abattue par le connétable, suivi de Jean et d'Alain de Beaumont, de Henri, Olivier, Alain et Yvon de Maulny; leur camp fut pillé et tout leur bagage enlevé.

La tradition de cette bataille subsiste encore dans le pays, où l'on dit qu'elle se donna au-delà du pont, dans la lande de Rigolart ou Rigalet, et sur la pelouse de Gandelain, sur les chemins de Pontvallain à Mayet et à Château-du-Loir.

Hue de Caurelée et quelques autres chefs anglais qui s'étaient trouvés plus éloignés, n'étant arrivés que le soir aux environs de Pontvallain, où ils croyaient rencontrer l'armée de Grandson dans l'état où ils l'avaient laissée, apprirent par quelques-uns de leur nation, échappés au carnage, la victoire du connétable, et se retirèrent en lieu de sûreté. C'est ce Hue de Caurelée, dont nous parlerons plus loin, à l'occasion d'un songe qu'avait eu Grandson, qui lui avait pronostiqué sa défaite.

Siége et prise de Vaas. — Une partie des Anglais échappés à la défaite de Pontvallain se retira au château de Vaas (1), petite place forte, où existait alors une abbaye, située sur la rive droite du Loir, éloignée au plus de deux lieues et demie au sud-ouest du champ de bataille (2). Du Guesclin les y suivit avec toutes ses forces, et, s'étant avancé sur le bord du fossé, fit appeler le commandant du château, lequel s'étant présenté sur les murailles, demanda fièrement au connétable ce qu'il lui voulait, et pourquoi il s'approchait d'un lieu où il devait croire n'avoir aucuns amis. — « Pour vous sommer de rendre ce château avec tout ce qu'il contient. » — « Avant de me faire une telle proposition, il faudra m'assaillir et avoir fait périr les plus fiers et les plus courageux de vos ennemis; que la muraille soit abattue, et moi-même percé de mille coups; encore me ferais-je prier, réduit en un tel état, et pourrais-je obtenir telle condition qu'il me plairait. » — « Songez, repartit le connétable, qu'il vous est impossible de résister aux forces qui m'accompagnent, et

---

(1) Vaas est un joli bourg du département de la Sarthe, situé dans un lieu bas, comme l'indique son nom, qui signifie *vase*, *boue*. On y passe le Loir sur un pont, au-delà duquel on entre sur l'ancienne province d'Anjou. Quelques antiquaires placent sur la rive gauche du Loir, en face de Vaas, un *fines*, que je crois avoir dû exister un peu plus en amont de cette rivière. (V. *Dict. statist. de la Sarthe*, III, 732, 736.)

(2) Quelque confiance que j'accorde à l'historien que j'ai suivi de préférence, j'hésite à croire avec lui que du Guesclin ait abandonné le théâtre de sa victoire et se soit retiré au Mans, c'est-à-dire à près de 10 lieues de poste de Vaas, dont il n'était éloigné que de 2 lieues 1/2, pour revenir ensuite faire le siége de cette place. Il est plus probable qu'il s'y sera porté sans différer, et que c'est même à la rapidité de sa marche sur ce point, qu'il aura dû le prompt succès de sa tentative contre cette place.

dans lesquelles on peut compter ce que la France et la Bretagne ont de plus noble et de plus vaillant. Ne voyez-vous pas flotter parmi elles les bannières des maréchaux d'Andreghem et de Blainville, des comtes du Perche et de Saint-Pol, des seigneurs de Rohan, de Clisson, de Raiz, de la Hunaudaye, de Rochefort, de Beaumont et de Maulny, de Launay, de Guillaume-le-Baveux, d'Yvain de Galles, de Beauvin, si fameux sous le nom du *Poursuivant d'amour*, et de plusieurs autres dont vous pouvez connaître les armes ? » — « Eh bien ! reprit le capitaine anglais, regardez-moi, vous-même, et vous verrez réunie en ma personne toute cette valeur que vous dites être dans celles des seigneurs que vous venez de nommer. Leurs noms ne sont pour moi que de vains fantômes, qui ne peuvent épouvanter que des âmes timides, et un grand seigneur, les armes à la main, n'est pas plus redoutable qu'un simple gentilhomme ou un simple soldat. Enfin, j'ai du cœur, des hommes pleins de hardiesse, et les murailles de ce château ne se pourront prendre tandis que je les défendrai ; ainsi, *mon cher ami*, retirez-vous, ou je vous ferai assommer à coups de pierres. »

Tout accoutumé que fût le connétable à ouïr les bravades des Anglais, il n'en avait point trouvé encore d'assez hardi pour le traiter avec une telle familiarité. N'ayant pas voulu l'interrompre néanmoins, afin de juger jusqu'où pouvait aller son insolente témérité, du Guesclin, quand il eut fini, se borna à lui répliquer : « Vous vous fiez vainement à la force de vos remparts et à la hauteur de vos tours ; mais je vous apprendrai bientôt à me parler avec le respect et la retenue que vous me devez, et nous verrons dans une heure si cet orgueil se soutiendra. » S'étant ensuite retiré, et ayant fait aux capitaines de ses troupes le récit de son aventure et de la conversation qu'il venait d'avoir avec le capitaine de Vaas, il n'en fallut pas davantage pour les animer à l'assaut. Tous s'y préparèrent avec une allégresse extraordinaire, et celle des soldats était encore excitée par la gaîté naturelle du connétable qui leur disait : « Allons, camarades, dépêchons-nous, les viandes seront froides. » Il faut dîner dans ce château ; nous y trouverons de quoi

» faire grande chère, de quoi nous bien coucher, et de bonnes
» étoffes pour nous faire des habits. »

Du Guesclin plaça ses archers en lieu d'où ils pussent tirer incessamment contre les murailles, pour empêcher les ennemis de pouvoir se montrer pour les défendre, et pour favoriser ceux qui devaient être de l'attaque, et les travailleurs à la sape. Les Français se trouvant environ deux cents dans le fossé, commencèrent à planter des échelles et montaient avec des couteaux et des poignards faits exprès, qu'ils fichaient entre les pierres, pour les aider à gagner le haut des murailles. Le connétable était au milieu de tous, donnant partout les ordres nécessaires. Là, Roulequin de Rayneval le pria de le faire chevalier, ce qu'il lui accorda; et Rayneval, pour montrer par quelque action signalée qu'il était digne de l'honneur qu'il venait de recevoir, plante son échelle et monte hardiment jusqu'au haut; mais il en est renversé par une grosse pierre que l'ennemi poussa des créneaux et qui cassa l'échelle. Les Français, combattant sous les yeux de leur illustre général, ne se lassaient pas de bien faire, et, quoique sans cesse repoussés, de revenir à l'assaut avec une hardiesse invincible. Enfin, un soldat de Bretagne, dont l'histoire a laissé perdre le nom, fit si bien qu'il monta sur la muraille et s'y trouva aux prises avec les Anglais. Un écuyer et Jean de Beaumont (1) vinrent incontinent le soutenir, et tous trois poussèrent les ennemis dans une petite tour : pendant ce temps, les Français à la file montaient sur les murailles de toutes parts. Le capitaine se voyant pris sans ressources, pensa à fuir par une porte de derrière, dont il avait pris les clefs pour s'en aider au besoin, triste ressource après tant de jactance; mais il fut si malheureux, que l'ayant ouverte, il y trouva les Français qui le chargèrent, ainsi que sa troupe, et le forcèrent de rentrer dans le château, sans qu'il pût refermer la porte. Alors tout céda aux armes victorieuses du connétable; tous les Anglais qu'on rencontra dans la forteresse furent tués ou faits prisonniers; les soldats y firent un

---

(1) Je pense que Jean de Beaumont, cité ici, était Manceau et non Breton, ainsi que je l'ai déjà dit.

très-riche butin, et l'armée y trouva de grands magasins de vivres et de munitions.

Un autre historien que celui que j'ai suivi de préférence dans le récit qui précède, rend compte différemment de la prise du château de Vaas. « Après la bataille de Pontvallain, dit-il, le connétable conduisit ses troupes se reposer au Mans pendant trois jours, et les mena ensuite assiéger Vaas. Il fit chevalier, à l'assaut, Raoulequin de Rayneval ; la place fut prise par la valeur des Bretons, qui montèrent les premiers à l'assaut. Jean de Beaumont fut le troisième qui monta, et qui, au lieu d'échelle, se servit de couteaux piqués dans les joints des pierres. » D'autres attribuent la gloire de la prise de Vaas aux gens du duc de Bourbon, commandés par Louis de Sancerre, lesquels étaient arrivés aux environs de cette abbaye dans le temps que les Anglais, battus à Pontvallain, prenaient la fuite. Selon ces auteurs, messire Waltier, maréchal d'Angleterre, qui avait dessein de se retirer à St-Maur-sur-Loire, ayant rencontré les gens du duc de Bourbon, se renferma dans l'abbaye de Vaas, et y fut aussitôt assiégé par Sancerre ; tous les Anglais furent tués ou faits prisonniers, et le maréchal d'Angleterre fut pris par messire Jean d'Azay, sénéchal de Toulouse. Le connétable arriva sur ces entrefaites, et fut très-fâché de ne s'être pas trouvé à l'attaque. Il envoya demander le maréchal d'Angleterre par le seigneur de Mailly, et prétendit que ce prisonnier lui appartenait, à cause de son office de connétable ; à quoi Sancerre répondit que le maréchal était prisonnier d'un *très-gentil chevalier*, et qu'il croirait lui faire tort de le lui ôter. Mailly répondit fièrement que le connétable aurait le prisonnier, à quelque prix que ce fût, en dépit de celui qui l'avait pris. Sancerre dit qu'un chevalier comme Jean d'Azay devait être traité autrement ; ce qui n'empêcha pas Mailly d'ordonner au chevalier de lui livrer le maréchal, ce qu'il fit aussitôt pour ne pas offenser le connétable.

Le château de Vaas étant pris (1), du Guesclin envoya ses

(1) L'intérêt dont est, pour l'histoire de France, le fait d'armes de Pontvallain, m'engage à donner, à la suite de ce récit, la version de Froissart, historien que tout

coureurs pour savoir des nouvelles des Anglais et s'enquérir des lieux où ils s'étaient retirés après l'affaire de Pontvallain. On sut qu'ils s'étaient rendus les uns à Bressuire et à Moncontour ; les autres à St-Maur-sur-Loire, où commandait Cres-

le monde connaît, et celle du *Rouman de messire Bertran du Glaiequin*, par Cuveliers, attribué à Trueller, sur l'exemplaire manuscrit qui existe à la bibliothèque du Mans. Les notes qui accompagnent l'extrait que nous en donnons ici, sont de M. Richelet, conservateur de cette riche bibliothèque.

VERSION DE FROISSARD, SUR LE COMBAT DE PONTVALLAIN. — « *Comment messire Bertrand de Glesquin et le sire de Clisson déconfirent au pont de Boulain (Pontvallain) les gens de messire Robert Canolle et autres capitaines anglois.*

» Aussitôt après que messire Bertrand de Glesquin fut revestu de l'office de connétable de France, il dit au roi qu'il vouloit chevaucher vers messire Robert Canolle et ses gens, qui se tenoient sur les marches d'Anjou et du Maine.

» Ces parolles pleurent bien au roi, et dist : « Prenez ce qu'il vous plaist et ce que bon vous semblera de gens d'armes, tous obéiront à vous. » Lors se pourveut ledist connétable, et mist sus une chevauchée de gens d'armes, Bretons et autres, et se partit du roi et chevaucha vers le Maine, et emmena en sa compaignie avec lui le sire de Clisson, et s'envint ledit connétable en la cité du Mans et là fit sa garnison.

» Et le sire de Clisson en une autre ville qui étoit assez près de là, et pouvoient estre environ cinquante lances.

» Messire Robert Canolle et messire Alain de Bouquesselle tenoient toujours leur route et estoient logés assez près du Mans. Quant ils sceurent le connétable de France et le sire de Clisson venus au pays, ils en furent grandement resjouis. « Ce seroit » bon que nous recueillissions ensemble et nous tenssissions à nostre adventage sur ce » pays. » Ils envoyèrent aussitôt lettres et messagiers aux capitaines anglois qui étoient en quartier d'hiver dans le Maine et la Touraine, pour les engager à se joindre à eux, et entre autres à messire Thomas de Grantson, messire Gilbert Giffart, messire Geoffroy Orselle et messire Guillaume de Mesville, qui se tenoient à une bonne journée arrière d'eux.

» A ces nouvelles entendirent les dessusdits voulentiers et se mirent en route pour venir vers leurs compaignons, et pouvoient estre environ deux cents lances. Mais ils ne partirent pas si secrètement que messire Bertrand et le sire de Clisson ne le sceurent et tout ce qu'ils vouloient faire. Quant ils en furent informés, ils s'armèrent de nuit et se partirent avec leurs garnisons et tournèrent sur les champs. Cette propre nuit estoient partis de leurs logis messire Thomas de Grantson, Geoffroi Orselle, Gilbert Giffart, Guillaume de Mesville et autres, qui venoient devers Robert Canolle et Alain Boucquesselle, sur un pays où il les experoit trouver.

» Mais on leur acoursit leur chemin, car droictement au lieu que on appelle le pas Pontvollant (Pontvallain), furent-ils rencontrés et rataindus des François qui coururent sus et les envoyèrent soudainement, et estoient bien quatre cents lances et les Anglois deux cents. Là eut dure bataille et bien combattue, et qui longuement dura de l'un costé et de l'autre, car, sitôt qu'ils les trouvèrent, ils mirent tous pied à terre et vindrent l'un sur l'autre moult roidement et là se combattirent de leurs lances et des espées moult vaillamment.

» Touttefois la place demeura aux François et obtinrent victoire contre les Anglois, et furent tous morts et prins que oncques ne s'en sauva, s'il ne fust des varlets ou des garçons. Et aussi de ceux qui estoient montés sur les coursiers de leurs maistres, quant ils virent la desconfiture, se saulvèrent et se partirent. Là furent prins messire Thomas de Grantson, messire Gilbert Giffart, Geoffroy Orselle, Guillaume de

sonaille ; d'autres dans les châteaux de Grailly et de Méron, dont les capitaines lui apportèrent les clefs de leurs forteresses,

Mesville, Philippe de Courtenai, Hue de Despensier, et plusieurs autres chevaliers et escuiers qui furent tous amenés prisonniers en la cité du Mans.

» Ces nouvelles furent tantost sceues parmi le pays de messire Robert Canolle et Alain de Boucquesselle, ils en furent moult courroucés et se retrairent tout bellement et se derompit leur chevauchée ; ils rentrèrent en Bretagne, ils n'en estoient point loing. Et vint ledit messire Robert à son chastel de Dorval, et donna à toutes manières de gens d'armes et d'archiers congié, pour aller à leur profit là où ils pourroient faire et trouver. Et messire Alain de Boucquesselle s'en vint iverner et demourer en sa ville de Saint-Saulveur-le-Vicomte, que le roi d'Angleterre lui avoit donné. » (*Chroniques de Froissart*, t. 1, p. 238.)

LE COMBAT DE PONTVALLAIN (Extrait du *Rouman de messire Bertran du Glaiequin*).

A Ponvalain estoient li Englois de reuom
Premièrement y fu Thomas cils de Granson
Qui fu du connestable, lieutenant, ce dit-on,
Huon de Carvellay y fu o son penon,
Et Trésonnelle aussi à la clere façon......
Thomas, qui de Granson tient la grant seignourie,
Attent son messagier, qu'encor ne vendra mie,
N'éust péu penser à nul jour de sa vie
Que Bertrant fu venu a si peu de maignie [1]
Ne cheminer aussi, ne durer la nuitie,
Conque telle ne fu ne véue, ne choisie.
Et Bertrant s'en venoit à banière abaissie,
Tellement qu'il n'y ot [2] banière desploïe,
Ne trompete sounée ; on n'y brait, ne ne crie.
Dessus leurs bassignet [3], par semblable maistrie [4],
Oreut mis de leurs draps, qu'il ne reluisent mie ;
Affin qu'Englois pensassent que fust de leur maignie.
Quant près furent d'Englois, si qu'à demy archie [5].
A pié sont descendus enmy [6] la praïerie
Et puis se sont rengiés, tout à leur commandie,
Et si ont descouvert mainte armeure jolie,
Et mains penons [7] levés, mainte enseigne drécie [8].
Et approuchent Englois, en disant : Dieu aïe [9]
Mon joye : Nostre-Dame, au roy de Saint-Denis,
Glaiequin ! le meilleur Englois perdrout la vie.
Lors férirent sus Englois par telle félonnie [10]

---

[1] Train de maison, suite.
[2] Eut.
[3] Casque de fer.
[4] Industrie, adresse.
[5] Demi-portée de l'arc.
[6] Au milieu de.
[7] Petit étendard que les chevaliers attachoient à leur lance.
[8] Dressée.
[9] Aide, assiste.
[10] Brutalité, emportement.

et dans le pays de Gâtine. Du Guesclin prit alors le chemin d'Angers, passa la Loire aux Ponts-de-Cé, et vint se poster à

> Que chascun abati le sien sus la chaucie.
> Englois sont esbahy ; ly un brait, l'autre crie,
> Qui les véist courir parmy l'ost [1] seignourie
> Et fouïr çà et là, en menant laide vie,
> Et crioient en hault : « Voir [2] nostre ost est trahie ! »
> A Thomas de Granson fu la chose géhye [3]
> Que Bertrant est venus, qui les Englois chastie.
> Et, quant Thomas le sceut, la chière en ot marrie.
> « A Dieu ! ce dist Thomas, or s çay-je sans faillie [4]
> » Que mon hérault, à qui j'eu ma lettre baillie,
> » M'a amenez Bertrant, par trahison bastie.
> » Il n'est mie preudom [5], qui en nul lieu se fie. »
> Thomas cils de Granson ne s'y va deslayant [6],
> Maintenant fist sonner sa trompette vaillant
> Et li Englois seront entour lui assemblant,
> Là environ viij c. les ala on nombrant,
> Sans ceulx qu'ils atendoient, bien en venoit autant ;
> A l'estendart Thomas, s'en aloïent courant,
> Pour eulx à ordonner si com est afférant [7].
> Et Bertrant et sa gent se boutent si avant,
> Que loges et fuillie [8] vont à terre versant,
> Tout ce que ont encontre vont à terre abatant ;
> A ce commencement se vont si exploitant,
> Qu'ils en ont bien iij c. occis dessus le champ.
> « Or avent, mes enfants, dit Bertrant li sachant,
> » Englois sont desconfis, pluseurs s'en vont fuyant,
> » Je vous requier un don, au nom du Sapiant,
> » C'est que vous me livrés l'estendart avenant
> » De Thomas de Granson, que je voy là devant.
> » Se la banière avés abatue en ce champ,
> » Tost verrés desconfit trestout tere menant [9]. »
> A donc s'en vont François durement approuchant,
> Rengiés et ordonnés et Glaiequin criant,
> Et Englois vont encontre, bataille désirant,
> Bien se porta [10] Thomas de Granson le vaillant,
> Et David Olegrève ne si va point faingnant,

---

[1] Armée, camp.
[2] Vraiment, assurément.
[3] Avouée.
[4] Faute, manque.
[5] Homme sage.
[6] Ne met pas de retard.
[7] Comme il est convenable.
[8] Chaumières et buissons.
[9] Frappant la terre.
[10] Comporta.

la vue de Saint-Maur, célèbre abbaye de l'ordre de Saint-Benoît.

Et Gyeffroy Orscellay à la dure semblant [1],
Et li Englois, trestous, si vont si bien portant,
Qu'à nos François féissent un encombrier pesant [2].
Quant d'Odrehant y vint, li mareschal puissant,
Et Jéhan de Vienne, qui puis fut amirant [3],
Olivier de Clisson, ce noble combatant,
Bien sont v c. ou plus, *Mon joye* vont criant,
Et, dessus les Englois, se vont habandonnant.
Là fu pris Orscellay, l'espée va rendant,
Là furent desconfis Englois petis et grant;
Car François abatirent l'estendart qui fu grant.
Quant Thomas de Granson perceut le convenant [4]
A donc voulsist bien estre à Rain ou à Dignant [5].

Quant Thomas de Granson vit Englois desconfis,
A donc, moult voulentiers, se fust à garent mis [6];
Mais il fu de Bertrant fièrement assaillis,
Et lui dist rendés-vous, ou tost serés occis.
Lors se rendit Thomas, voulontiers ou envis [7],
Et aussi se rendit Olegrève Davis.
Thomelin Félicet y fu cellui jour pris.
Et ainssi comme Englois furent tous desconfis,
Vint le noble viconte de Rohan, le Gentil,
Cils la Hunauldaye et mains autres marquis
Et cils de Rochefort, là où li murs sont bis [8],
Les jour voïent finy, si en furent marris,
Là n'y ot de François un de si petit pris [9]
Qu'il n'éust prisonniers ou conquest à devis [10].
Mais pluseurs des Englois s'en échapèrent vifs
Et s'en vont droit à Vaulx (Vaas) une ville de pris [11],
Engloise fu la ville, qui fu forte à devis.
Orées de Bertrant, qui tant fu seignouris [12],
En son ost fist crier, par un hérault jolis,
Quant ce vendra demain, que jour yert [13] esclarcis
Que chascun, après lui, se soit au chemin mis;

---

[1] A l'aspect farouche.
[2] Une perte considérable.
[3] Qui depuis fut amiral.
[4] Vit leur contenance.
[5] A Rennes ou à Dinan.
[6] Il aurait voulu se mettre en sûreté.
[7] Malgré soi, à contre-cœur.
[8] Bruns, noirâtres.
[9] D'un si faible courage.
[10] A volonté, à souhait, à plaisir.
[11] De prix.
[12] Qui fut si grand, si puissant.
[13] Sera.

Les Anglais ayant été défaits, et cinq à six de leurs principaux capitaines se trouvant prisonniers du connétable, ils ne

> Là, s'en yra soupper, dedans les murs massis,
> Et y gerra [1] ce dit, ains qu'ils soit le tiers dis [2],
> Englois n'y demourra qui tout ne soit occis.
> « Hé Dieux : dient François, Bertrant est tout ravis
> » Cil ne scet reposer ne de jour, ne de nuit.
> » Couronne portera, si longuement est vif;
> » Au nombre des ix preux devroit bien estre mis. »
> Ainssi, com je vous dy, la bataille finoit;
> Maint Englois y mouroit et maint en eschapoit.
> Peu en mourut des nos, qui le voir en diroit [3];
> Vers la ville de Vaulx, maint Englois acouroit,
> Aucun estoit receu qui là endroit venoit,
> Et, qui n'y poit aler, d'autre part s'en aloit.
> Envers Brésière vont ou bonne ville avoit,
> Et, de vers Moncontour, maint Englois cheminoit,
> Et par devers St-Mort (Maur), ou Tresonnelle estoit.
> A Rilly alèrent ou maint Englois avoit,
> En un gentil pays, que Gatine on nommoit.
> Ainssi fuient Englois, qui pot il se sauvoit [4]
> Et Bertrant de Glaicquin tellement exploitoit,
> Qu'il vint par devant Vaulx, aux bailles [5] s'arrestoit.
> Là capitaine y fu qu'à Bertrant demandoit
> Pourquoy venoit si près, et qu'il y demandoit?
> Et Bertrant, li gentil, son vouloir lui disoit,
> Et, trestout son estat, Bertrant lui racontoit;
> De par le roy de France la ville requéroit.
> Et celui respondoit que jà n'y entreroit.
> Lors fist Bertrant crier à l'assaut fort et roist
> Et jura Dame-Dieu et le corps Saint-Benoist
> Qu'ens ou maistre donjon celle nuit souppcroit.
>
> Bertrant de Glaicquin ne s'y est arrestez,
> Vaulx a fait assaillir, par ses gens adurez [6].
> Moult fu grant li assaut, de certain, le créés.
> Car par nos bons François sont Englois empresses,
> Et li Englois se sont de deffandre pennés [7],
> Et orent, sus nos Frans, mains grant engins [8] gettés,
> Et maint tonnel empli et fermement bondés;
> Et ot un escuier, qu'en Bretaingne fu nés.
> Qui jà estoit montez sus les murs cymentés,

---

[1] Couchera.
[2] Avant qu'il soit le tiers du jour.
[3] Pour parler avec vérité.
[4] Se sauvait qui pouvait.
[5] Porte de ville, palissade, barrière.
[6] Endurcis.
[7] Se sont efforcés de se défendre.
[8] Instrument de guerre.

songèrent plus à tenir la campagne. De son côté, Robert de Knolle, qui n'était pas fâché sans doute que cet échec eût rabaissé les vaines espérances de Grandson, qu'il savait être jaloux de sa réputation et de sa faveur, voyant, d'un autre côté, qu'il n'était plus utile au roi d'Angleterre son maître, ne se mit point en peine de réparer cette défaite, ni de s'en venger sur du Guesclin; mais il s'occupa au contraire de la faire paraître plus grande à Édouard, afin de faire ressortir davantage la faute de Grandson. Knolle donc, après son retour de Guienne, au lieu de s'occuper à réunir les débris de son armée, alla passer son hiver dans sa terre de Derval, en Bretagne, en attendant que le printemps fît renaître une meilleure fortune pour l'Angleterre. A son exemple, Huc de Caurelée et les autres capitaines anglais cherchèrent le repos chez eux, ou se retirèrent enfermés dans leurs places de guerre. Mais le connétable, qui connaissait l'art de profiter d'une victoire, ne donna point de relâche aux Anglais, et les poussa de lieu en lieu, jusqu'à ce qu'il les eût chassés dans le fond de la Guienne.

> Aux Englois se combat, comme lyon crestés [1].
> Après lui est montez un escuier senez [2]
> Et Jéhan de Beaumont y est après rempez,
> Main à main se combatent aux Englois desraiés [3],
> En une tour petite en sont ces trois entrés,
> Lors véissiez François montant à tous coustés.
> Et quant li capitaine vit qu'il est attrapez,
> A une port vint, dont il avoit les clefs,
> Bien s'en cuida fouïr, mais il fu attrapez :
> Par celle porte sont nos gens loaus [4] entrez,
> Englois furent tous mors, qui là furent trouvés;
> Petit en demoura que ne fussent tuez.
> Ainsi fu prise Vaulx comme oï avez
> Ville et abbaye y ot, ce dist l'autorités.
> Là, se sont rafraischis nos François naturés
> Assez y ont trouvez bons vivres à plantés [5],
> Là se sont rafraischis et très-bien conraés [6].

---

[1] Maltraité.
[2] Vieux.
[3] Enlevés, arrachés, terrassés.
[4] Qui sont dignes de louanges.
[5] En abondance.
[6] Arrangés, établis.

Tel fut le résultat du combat de Pontvallain, provoqué par une imprudente bravade, moins important en lui-même que par ses suites, puisque cet échec ébranla à tout jamais la puissance du roi d'Angleterre dans cette belle province de Guienne, depuis longtemps sous sa domination, et qu'il fut bientôt contraint d'abandonner entièrement.

Si le connétable défit si facilement ses ennemis, et obtint sur eux une victoire telle qu'elle décida de tout l'événement de cette campagne, c'est qu'il sut agir avec prudence et résolution, et les combattre à temps. Aussi considère-t-on le combat de Pontvallain comme un des événements les plus glorieux de la vie militaire de ce grand capitaine, et Voltaire n'hésite pas à comparer cette campagne de du Guesclin à celle qui, sous le règne de Louis XIV, acquit à l'immortel Turenne la réputation de premier général de l'Europe.

C'est ainsi que fut réalisé, dans l'esprit des guerriers anglais et de Grandson lui-même, le songe qu'il avait eu quelque temps avant cette époque, dans lequel un aigle l'avait attaqué, qui lui voulait enlever les yeux, le battant de ses ailes et le pressant de ses serres, sans que ses gens pussent le dégager, de telle sorte qu'il avait été contraint de se rendre à cet ennemi; sur quoi Hue de Caurelée, au récit de ce songe, s'était écrié : « Si j'en avais fait un semblable, j'irais trouver Bertrand du Guesclin, qui est cet aigle, et me rendrais à lui sans le combattre; » et Charles V, devant qui cette anecdote avait été rapportée, répondit : « Ou les Anglais sont trop superstitieux, ou ils craignent étrangement notre aigle (1). Il les suivra quelque jour, et j'espère qu'il leur expliquera le songe de Grandson. »

Un seul monument reste, dans le pays, de la bataille de Pontvallain. A huit kilomètres au sud de ce village et de la plaine de Rigalet, une croix en bois, plantée sur la vaste héca-

---

(1) Allusion aux armes de du Guesclin, qui étaient : d'argent, à l'aigle éployé à deux têtes de sable, couronnées d'or, à la bande de gueules, brochant sur le tout. On voit sur un sceau du connétable que ces armes avaient pour supports un aigle et un lion et pour cimier une tête d'aigle *entre un vol banneret*.

tombe où furent inhumés les *fidèles Bretons* de du Guesclin, avait été entretenue jusqu'à nos jours par la piété et le patriotisme des Manceaux. Tombée de vétusté, néanmoins, un digne français, M. Dubignon, propriétaire du château de Chérbon, sur les terres duquel elle était plantée, l'a fait remplacer, en 1828, par un petit obélisque en pierre, sur la base duquel on lit cette inscription :

ICI
APRÈS LE COMBAT
DE
PONT-VALAIN,
EN NOVEMBRE 1370,
BERTRAND DUGUESCLIN,
DE
GLORIEUSE MÉMOIRE,
FIT REPOSER
SES FIDÈLES BRETONS.

UN ORMEAU VOISIN,
SOUS LEQUEL ON ÉLEVA UNE CABANE,
POUR LES BLESSÉS ;
UNE CROIX
PLANTÉE SUR LES MORTS ;
ONT DONNÉ
A CE LIEU
LE NOM
D'ORMEAU
ET DE CROIX BRETTE.

FRANÇAIS !
QUE LES DISSENSIONS INTESTINES,
QUE LES INVASIONS ÉTRANGÈRES,
NE SOUILLENT PLUS DÉSORMAIS
LE SOL
DE NOTRE BELLE FRANCE !

La lande de Rigalet, principal théâtre du mémorable événement dont on vient de lire le récit, appartenant à M. le comte de Mailly, cet honorable citoyen, à qui rien n'est indifférent de ce qui intéresse la gloire de sa patrie, se propose d'y faire élever aussi un monument destiné, comme celui-ci, à en perpétuer le souvenir.